MANUEL

DE L'INSTITUTEUR

POUR LES ÉLECTIONS.

Paris. — Imprimerie de SCHNEIDER, rue d'Erfurth, 1.

MANUEL

DE L'INSTITUTEUR

POUR LES ÉLECTIONS

PAR

HENRI MARTIN

PUBLIÉ SOUS LES AUSPICES

du Ministre provisoire de l'Instruction publique et des Cultes.

PRIX : 15 CENTIMES.

PARIS.

PAGNERRE, ÉDITEUR,

RUE DE SEINE, 14 BIS.

—

1848

A BÉRANGER.

CHER MAITRE,

Permettez-moi de vous dédier ce petit livre. L'hommage vous en est bien légitimement dû. Vos paroles ont bien souvent porté la lumière dans l'esprit de l'auteur, et vous reconnaîtrez, je l'espère, dans ces pages, quelque faible reflet de vos patriotiques pensées.

HENRI MARTIN.

MANUEL

DE L'INSTITUTEUR

POUR LES ÉLECTIONS.

CHAPITRE PREMIER.

Des anciens Gouvernements de la France.

LE CITOYEN.

Quels sont les principes sur lesquels doit être établi un bon gouvernement ?

L'INSTITUTEUR.

Ces principes sont : la justice, la fraternité et la souveraineté du peuple.

LE CITOYEN.

La France a-t-elle déjà été gouvernée d'après ces principes ?

L'INSTITUTEUR.

Elle ne l'a pas encore été. Cependant elle s'est approchée peu à peu de ce but, à travers bien des maux et des révolutions.

LE CITOYEN.

Quelles ont été les plus importantes de ces révolutions?

L'INSTITUTEUR.

Au commencement, nos pères, les Gaulois, étaient divisés en tribus ou grandes familles formées par la parenté ou par l'adoption. Chacune de ces tribus avait son territoire, et la terre n'était pas encore partagée. Les anciens des familles et les druides, qui étaient à la fois des savants, des prêtres, des instituteurs et des juges, choisissaient le chef de la tribu. Quand les Gaulois, d'abord chasseurs et bergers, se firent laboureurs, le partage des terres commença. Ce partage fut nécessaire pour augmenter l'activité des travailleurs et la quantité des subsistances; mais il augmenta l'inégalité qui existait déjà entre les possesseurs d'armes, d'effets et de troupeaux. L'orgueil entra dans le cœur des hommes. Les forts, devenus les riches, assujettirent les faibles. Il resta encore dans le peuple assez d'amour de la liberté pour empêcher les chefs de se changer en rois héréditaires; mais le peuple, affaibli par l'inégalité et par la discorde, ne fut plus capable de se soutenir contre les étrangers. Notre patrie fut plusieurs fois envahie par des populations nouvelles, qui finirent par se mêler avec les Gaulois.

LE CITOYEN.

Qu'arriva-t-il après ces invasions?

L'INSTITUTEUR.

A la suite des invasions s'établit le régime seigneurial ou féodal, dont le nom est resté si détesté dans nos campagnes. Les seigneurs, les guerriers, s'étaient partagé la terre, et transmettaient à leurs enfants, par succession, la terre avec les travailleurs qui la cultivaient. L'homme était la propriété de l'homme.

LE CITOYEN.

Comment le peuple est-il sorti de cet état misérable?

L'INSTITUTEUR.

Les travailleurs des villes s'affranchirent de la tyrannie des seigneurs par des associations fraternelles qu'ils appelèrent des *communes*. D'un autre côté, le chef des seigneurs, le roi, promit au peuple un peu d'ordre, de sécurité, et le droit de jouir du fruit de son travail, à condition que le peuple l'aidât à se rendre le maître des seigneurs. Le peuple y consentit, et il y eut quelque temps alliance entre les peuples et les rois. Mais l'esprit d'orgueil s'empara bientôt des rois. Ils prétendirent régner par le *droit divin;* c'est-à-dire que, parce que Dieu avait permis leur règne, ils s'imaginèrent que Dieu l'avait fondé, et que les hommes ne pouvaient le détruire. Ils usurpèrent la souveraineté, qui n'appartient, après Dieu, qu'à tout le peuple. L'enfant que le hasard avait fait naître fils d'un roi, héritait d'un peuple comme on hérite d'un troupeau. Le peuple était son bien, sa chose.

LE CITOYEN.

J'ai ouï dire à mon grand-père comment cette orgueilleuse monarchie fut renversée par le peuple, avec la noblesse et avec le clergé, qui avait oublié l'Evangile, la loi des pauvres et des humbles, pour le pouvoir et pour la richesse. J'ai ouï dire comment la République est une première fois venue proclamer la liberté, l'égalité, la fraternité, et comment beaucoup d'hommes de la campagne, auparavant sujets des seigneurs, sont devenus libres propriétaires de la terre qu'ils cultivaient. Mais comment la France a-t-elle pu quitter la République pour retourner à la monarchie ?

L'INSTITUTEUR.

La France n'avait pas été assez préparée à passer de la servitude à une complète liberté. Les terribles efforts qu'il fallut faire la fatiguèrent ; le sang qui fut versé dans les grandes querelles de 1793 attrista son cœur et effraya son esprit ; elle sacrifia tout à l'ordre, à la paix intérieure et à la gloire que lui donna Napoléon. Malheureusement pour elle et pour lui, ce grand homme se trompa. Au lieu d'organiser la République, il rétablit la monarchie ; et les conquêtes qu'il fit dans toute l'Europe finirent par réunir contre nous les autres peuples qui avaient d'abord aimé et admiré notre Révolution. Il tomba. Après lui, les vieux rois revinrent avec la vieille noblesse et les jésuites. Le peuple chassa les anciens rois encore une fois et pour toujours, en juillet 1830 ; mais le peuple ne comprenait pas encore bien ses droits et ses intérêts : il laissa la riche bourgeoisie établir un autre roi, Louis-Philippe, à la place de Charles X, et garder pour elle seule le droit de choisir les députés qui faisaient les lois et gouvernaient la France. Louis-Philippe et les députés ont très-mal gouverné : ils n'ont songé qu'à leurs intérêts personnels ; ils n'ont pas su conserver l'honneur de la France dans leurs rapports avec les étrangers ; ils ont attenté à la liberté et dilapidé honteusement les finances. Le peuple de Paris les a enfin chassés à leur tour, au moment où ils s'alliaient avec les Autrichiens, nos anciens ennemis, et allaient faire faire banqueroute à l'Etat. La République a été rétablie ; la royauté et l'aristocratie ont disparu, et toutes les anciennes institutions politiques ont été balayées. Il n'en reste plus rien.

CHAPITRE II.

De la Constituante.

LE CITOYEN.

Il n'existe donc plus de pouvoirs politiques en France ?

L'INSTITUTEUR.

Il existe un gouvernement provisoire que le

peuple de Paris a nommé par acclamation, en attendant la réunion d'une Constituante.

LE CITOYEN.

Qu'est-ce qu'une Constituante ?

L'INSTITUTEUR.

C'est l'assemblée la plus solennelle qu'il puisse y avoir dans le monde. Quand les anciennes lois politiques ont été détruites, et qu'il n'y a plus de gouvernement établi, le peuple tout entier se réunit pour choisir des représentants. Il leur confie le pouvoir souverain que Dieu lui a donné sur lui-même, et il les charge de lui faire une constitution, c'est-à-dire de créer un ensemble de lois et d'autorités destinées à exécuter et à développer ces lois.

LE CITOYEN.

Les représentants peuvent-ils constituer ces autorités selon leur caprice ?

L'INSTITUTEUR.

Non : ils peuvent leur donner différentes formes ; mais, au fond, ces autorités sont dans la nature des choses. On ne peut que les organiser d'une manière plus ou moins conforme au droit et à la raison.

LE CITOYEN.

Quel est la principale de ces autorités ?

L'INSTITUTEUR.

C'est le pouvoir législatif. Après que la Constituante aura proclamé les lois fondamentales, et qu'elle se sera retirée, ayant achevé son ouvrage, le pouvoir législatif fera les autres lois qui seront la conséquence des lois fondamentales, et pourvoira ainsi aux besoins de la République à mesure que ces besoins se feront connaître.

LE CITOYEN.

Quels sont les autres pouvoirs, et quelles sont leurs fonctions ?

L'INSTITUTEUR.

Les autres pouvoirs exécutent les lois que fait le pouvoir législatif. Ainsi le pouvoir exécutif dirige l'activité de la nation, l'administration, l'armée, la marine, les finances, les travaux publics, enfin l'emploi des forces nationales en toutes façons.

LE CITOYEN.

Comment est-il élu ?

L'INSTITUTEUR.

Il peut être élu soit par le corps législatif, soit

directement par le peuple. S'il est élu par le corps législatif, cela paraît donner plus d'unité au gouvernement.

LE CITOYEN.

Y a-t-il encore d'autres pouvoirs ?

L'INSTITUTEUR.

Il y a le pouvoir judiciaire, qui, dans un autre ordre de choses, exécute aussi les lois faites par le pouvoir législatif. La bonne constitution de ce pouvoir est très-importante à la République, puisqu'il décide de la vie, de la liberté, de l'honneur et des biens des citoyens.

LE CITOYEN.

Le pouvoir judiciaire n'a-t-il pour objet que de décider les procès entre les citoyens, et d'assurer l'ordre par la répression des délits ?

L'INSTITUTEUR.

Il a un objet plus élevé encore, par lequel il se rattache à un dernier pouvoir très-essentiel, le pouvoir éducateur. Le pouvoir éducateur, corps qui donne l'enseignement, doit se proposer de former les citoyens au bien. Le pouvoir judiciaire doit se proposer de les y ramener, en les corrigeant quand ils s'en sont écartés. Le but des lois pénales n'est pas de rendre le mal pour le mal, mais de supprimer le mal en redressant le malfaiteur. Toute peine doit être utile à la fois au criminel et à la société.

LE CITOYEN.

La Constituante n'aura-t-elle rien de plus à faire que de constituer les pouvoirs?

L'INSTITUTEUR.

Elle devra en outre réformer les lois économiques, c'est-à-dire, les lois qui règlent la production et la circulation des richesses, les relations des travailleurs entre eux et avec les capitalistes, l'assiette et l'emploi de l'impôt, les rapports commerciaux avec les peuples étrangers: elle aura sans doute à modifier aussi certaines parties de la législation civile et criminelle.

CHAPITRE III.

Du Décret électoral.

LE CITOYEN.

Apprenez-moi comment se fera l'élection de la Constituante?

L'INSTITUTEUR.

Je vais vous répéter les termes mêmes du décret publié par le gouvernement provisoire à ce sujet :

« RÉPUBLIQUE FRANÇAISE.

« LIBERTÉ, ÉGALITÉ, FRATERNITÉ.

« Le gouvernement provisoire de la République, voulant remettre le plus tôt possible aux mains d'un gouvernement définitif les pouvoirs qu'il exerce dans l'intérêt et par le commandement du peuple,

« Décrète :

« Article 1er. — Les assemblées électorales de canton sont convoquées au 9 avril prochain pour élire les représentants du peuple à l'Assemblée nationale, qui doit décréter la constitution. »

« Art. 2. — L'élection aura pour base la population. »

LE CITOYEN.

C'est-à-dire que chaque partie de la France aura un nombre de représentants proportionné au nombre de ses habitants. Pourquoi cette base a-t-elle été choisie?

L'INSTITUTEUR.

L'égalité le voulait ainsi. Un homme vaut un homme. Si l'on eût pris pour base l'étendue du territoire au lieu du nombre des habitants, la terre, et non les hommes, eût été représentée comme du temps des seigneurs. Si l'on eût pris pour base la richesse des départements, le revenu, le capital, et non les hommes, eût été représenté : c'eût été imiter le gouvernement de Louis-Philippe. La seule base juste était donc de rendre le nombre des représentants proportionnel au nombre des citoyens.

Je continue :

« Art. 3 et 4. — Le nombre total des représentants du peuple sera de 900, y compris l'Algérie et les colonies françaises. — Ils seront répartis entre les départements dans la porportion indiquée ci-après. »

RÉPARTITION DU NOMBRE DE REPRÉSENTANTS

A RAISON DE LA POPULATION.

(Base de 1 Représentant par 40,000 habitants.)

Ain.	9
Aisne.	14
Allier.	8
Alpes (Basses-).	4
Alpes (Hautes-).	3
Ardèche.	9
Ardennes.	8
Ariége.	7
Aube.	7
Aude.	7
Aveyron.	10
Bouches-du-Rhône.	10
Calvados.	12
Cantal.	7
Charente.	9
Charente-Inférieure.	12
Cher.	7
Corrèze.	8
Corse.	6
Côte-d'Or.	10
Côtes-du-Nord.	16
Creuze.	7
Dordogne.	13
Doubs.	7
Drôme.	8
A reporter.	218

Report.	218
Eure.	11
Eure-et-Loir.	7
Finistère.	15
Gard.	10
Garonne (Haute-).	12
Gers.	8
Gironde.	15
Hérault.	10
Ille-et-Vilaine.	14
Indre.	7
Indre-et-Loire.	8
Isère.	15
Jura.	8
Landes.	7
Loire-et-Cher.	6
Loire.	11
Loire (Haute-).	8
Loire-Inférieure.	13
Loiret.	8
Lot.	7
Lot-et-Garonne.	9
Lozère.	4
Maine-et-Loire.	13
Manche.	15
A reporter.	459

Report.	459
Marne.	9
Marne (Haute-).	7
Mayenne.	9
Meurthe.	11
Meuse.	8
Morbihan.	12
Moselle.	11
Nièvre.	8
Nord.	28
Oise.	10
Orne.	11
Pas-de-Calais.	17
Puy-de-Dôme.	15
Pyrénées (Basses-).	11
Pyrénées (Hautes-).	6
Pyrénées-Orientales.	5
Rhin (Bas-).	15
Rhin (Haut-).	12
Rhône.	14
Saône (Haute-).	9
A reporter.	687

Report.	687
Saône-et-Loire.	14
Sarthe.	12
Seine.	34
Seine-Inférieure.	19
Seine-et-Marne.	9
Seine-et-Oise.	12
Sèvres (Deux-).	8
Somme.	14
Tarn.	9
Tarn-et-Garonne.	6
Var.	9
Vaucluse.	6
Vendée.	9
Vienne.	8
Vienne (Haute-).	8
Vosges.	11
Yonne.	9
	884
Algérie et Colonies.	16
	900

LE CITOYEN.

Sous l'ancien gouvernement, il y avait bien moins de députés. Pourquoi en appelle-t-on un si grand nombre ?

L'INSTITUTEUR.

Plus les hommes sont réunis en grand nombre, et moins ils se laissent aller aux passions égoïstes et aux intérêts personnels. Plus il y a de représentants, plus on peut espérer que, réunis, ils représentent fidèlement les sentiments de la nation.

« Art. 5. — Le suffrage sera direct et universel. »

LE CITOYEN.

Universel : cela doit être, tous les Français étant égaux et frères ; mais qu'entendez-vous par direct ?

L'INSTITUTEUR.

Que tous les citoyens nommeront eux-mêmes tout de suite leurs représentants, et ne chargeront pas quelques citoyens de les nommer pour eux. Personne n'a droit de refuser à aucun citoyen de nommer lui-même ceux auxquels il délègue sa part de souveraineté.

« Art. 6. — Sont électeurs tous les Français âgés de vingt et un ans, résidant dans la commune depuis six mois, et non judiciairement privés ou suspendus de l'exercice des droits civiques. »

LE CITOYEN.

Pourquoi cet âge de vingt et un ans ?

L'INSTITUTEUR.

Il fallait trouver une limite entre la première jeunesse et l'âge d'homme ; on a pris celle que donnent les lois civiles.

LE CITOYEN.

Pourquoi la résidence de six mois ? La qualité de Français ne suffit-elle pas ?

L'INSTITUTEUR.

Cet article a pour but de constater que le citoyen a une existence fixe, un état, qu'il se rattache à une commune, à une municipalité, et y trouve des garants de sa moralité.

LE CITOYEN.

L'exclusion des citoyens privés de leurs droits civiques en punition de leurs délits se comprend aisément sans explication.

L'INSTITUTEUR.

« Art. 7. — Sont éligibles tous les Français âgés de vingt-cinq ans et non privés ou suspendus de l'exercice des droits civiques. »

LE CITOYEN.

On a pensé, sans doute, que celui qui était assez âgé pour choisir ne l'était pas assez pour être choisi, et qu'il fallait attendre l'âge où la raison est plus complétement formée?

L'INSTITUTEUR.

En effet : on s'est arrêté à l'âge que la loi civile appelle la grande majorité.

« Art. 8. — Le scrutin sera secret.

« Art. 9. — Tous les électeurs voteront au chef-lieu de leur canton, par scrutin de liste. — Chaque bulletin contiendra autant de noms qu'il y aura de représentants à élire dans le département. — Le dépouillement des suffrages se fera au chef-lieu de canton, et le recensement, au département. — Nul ne pourra être nommé représentant du peuple, s'il ne réunit pas 2,000 suffrages. »

LE CITOYEN.

Pourquoi vote-t-on pour tous les représentants du département à la fois, au lieu que chaque représentant soit nommé à part par un certain nombre de citoyens?

L'INSTITUTEUR.

Si tout le peuple français pouvait être réuni dans une plaine immense pour élire d'une seule voix l'Assemblée nationale, on aurait la représentation la plus parfaite, et, véritablement, la voix de Dieu dans le peuple. Cela n'étant pas possible, on a choisi la circonscription la plus étendue qu'on a pu, qui est le département; et, les citoyens ne pouvant pas même se transporter en masse au chef-lieu du département, on a pris le parti de les faire voter dans les chefs-lieux de canton. Ce procédé n'est pas encore parfait; mais l'homme ne peut approcher que de bien loin la perfection qu'il rêve.

« Art. 10. — Chaque représentant du peuple recevra une indemnité de 25 fr. par jour, pendant la durée de la session. »

LE CITOYEN.

Ceci se comprend sans peine. Il faut que les citoyens sans fortune puissent être élus, s'ils en sont dignes, et que la nation leur fournisse les moyens de vivre à Paris et les dédommage de la perte, au moins momentanée, de leurs professions.

L'INSTITUTEUR.

Les derniers articles concernent l'exécution du décret et fixent l'ouverture de la Constituante au 20 avril.

CHAPITRE IV.

Devoirs des Citoyens dans les Élections.

LE CITOYEN.

D'après ce que vous m'avez appris de la Constituante, je conçois que l'acte que vont faire les Français, en allant voter aux élections, est le plus grand acte qu'ils auront jamais à faire de leur vie comme citoyens.

L'INSTITUTEUR.

Vous dites vrai. De ces élections, bonnes ou mauvaises, dépend le sort heureux ou malheureux de la France, et, par conséquent, de tous les Français, dont le sort est indissolublement lié au sort de la patrie.

LE CITOYEN.

C'est donc un devoir absolu pour tout citoyen d'aller voter.

L'INSTITUTEUR.

C'est le plus saint de tous les devoirs. S'abstenir de porter son vote, ce serait quelque chose de comparable au suicide, si sévèrement condamné par la religion et par la morale ; ce serait tuer le citoyen en soi, et se faire comme étranger dans la République.

LE CITOYEN.

Dans quelles dispositions le citoyen doit-il se présenter aux élections ?

L'INSTITUTEUR.

Dans les mêmes dispositions où il devrait être pour paraître devant Dieu : avec un cœur sincère, une volonté droite, purifié de toute haine et de tout intérêt personnel.

LE CITOYEN.

Est-ce que l'intérêt personnel de chacun ne sera pas satisfait par de bonnes élections ?

L'INSTITUTEUR.

Faites de bonnes élections pour l'amour de la patrie, et votre intérêt personnel y trouvera finalement son compte. Faites le bien pour le bien, et vous aurez la récompense par-dessus.

LE CITOYEN.

Vous dites qu'il ne faut pas songer à l'intérêt personnel ; mais l'intérêt des amis, des voisins, de la commune, du canton, n'y faut-il pas songer dans les élections ?

L'INSTITUTEUR.

Quand vous êtes aux élections municipales, songez à la commune ; quand vous êtes aux élections générales, ne songez qu'à la France, à la grande patrie. Si la France est prospère, toutes les parties de la France se ressentiront de la prospérité nationale.

LE CITOYEN.

Quels représentants faut-il envoyer à la Constituante ? Sont-ce les plus spirituels ou les plus riches ? Ceux qui ont le plus de savoir ou ceux qui parlent avec le plus d'éloquence ?

L'INSTITUTEUR.

L'esprit est bon ; la science et l'éloquence sont bonnes ; la richesse n'est pas mauvaise quand on en use bien : mais il y a quelque chose de mieux. Louis-Philippe et ses partisans ont eu tout cela, et ils sont tombés ! et ils ont mérité leur chute ! — Il y a quelque chose qui est au-dessus de l'esprit, de la science et de la richesse, c'est le sens droit et le bon cœur. La République doit être le règne des braves gens et des hommes de bonne volonté. Il faut au représentant du peuple des mœurs simples et une probité sans tache, pour être à l'abri de toutes les séductions ; de la bonté, pour se dévouer à l'amélioration du sort de ceux qui souffrent ; du courage, pour combattre les dangers qui peuvent menacer la République ; un bon jugement pour démêler les meilleurs moyens d'écarter ces dangers et de constituer l'Etat. S'il a d'autres qualités encore, tant mieux. Mais c'est assez s'il a ces qualités, et qu'il ait donné ou qu'il donne, par ses actions, par ses paroles ou par ses écrits, des gages suffisants à la cause de la République, c'est-à-dire du peuple ; car désormais, sachez-le bien, si la République pouvait cesser d'être, la France mourrait avec elle. Nous tous cesserions d'être Français, et tomberions au-dessous des derniers esclaves russes. Napoléon a prophétisé, en mourant, que l'Europe, avant cinquante ans, serait républicaine ou cosaque.

LE CITOYEN.

Elle ne sera pas cosaque, j'en jure par mon cœur et par le grand cœur de la France !

CHAPITRE V.

Des avantages à attendre de la Constituante.

LE CITOYEN.

Nous saurons supporter non-seulement les dangers qui pourraient subvenir, mais la peine et le travail, qui sont de tous les jours, pour que la France soit prospère. Vous m'avez dit que, si la France était heureuse, tous les Français seraient heureux finalement.

L'INSTITUTEUR.

Oui ; mais nous manquerions ce bonheur, si nous voulions le saisir avec trop d'impatience : ce serait comme un épi coupé avant d'être mûr. Les choses, même les plus justes, que nous demandons, ne les exigeons pas trop vite, et laissons à nos représentants le loisir d'étudier l'ensemble des besoins et des ressources de la France, et de préparer l'ensemble des réformes nécessaires.

LE CITOYEN.

Quelles sont ces réformes ?

L'INSTITUTEUR.

Il ne m'appartient pas de devancer la Constituante, qui sera chargée des vœux et des pouvoirs de toute la France. Cependant personne ne peut douter que les lois qui avaient été faites jusqu'à présent dans l'intérêt des riches, pour les rendre plus riches encore, ne soient faites aujourd'hui dans l'intérêt de tous. Le pauvre sera certainement soulagé des impôts qui surchargent le plus durement sa subsistance, et ceux qui portent sur le revenu des riches seront augmentés. Nos pays vignobles seront dégrévés au moins d'une bonne partie de leur accablant fardeau. Il n'y aura plus sur le sel un impôt exagéré qui empêche l'homme des campagnes de saler sa nourriture et celle de ses bestiaux. Les pauvres gens ne seront plus privés, par la cherté du port des lettres, d'avoir des nouvelles de leurs enfants, partis pour l'armée ou pour le tour de France. L'Assemblée avisera sans doute à ce que les laboureurs qui perdent leur récolte par la grêle, par l'inondation, par le feu du ciel, ou leurs bestiaux par les maladies, soient indemnisés par la nation ; et qu'en cas de disette, ils obtiennent des avances de semailles. L'Assemblée avisera aux moyens de donner du crédit aux travailleurs qui ont de bons bras, de bonnes têtes et pas de capital. Elle encouragera les ouvriers à associer leurs bras et leurs cœurs. Elle tâchera d'empêcher les chômages, qui font le désespoir de l'homme laborieux. Elle aidera les travailleurs à s'assurer une retraite pour leurs vieux jours. Elle prendra un soin paternel de l'éducation de leurs enfants. Les moyens de faire tout cela, ce n'est pas à moi de les indiquer : l'Assemblée en saura plus que moi, et fera sans doute bien d'autres choses encore. Ayons patience et bon espoir ; ne nous décourageons pas ; ne nous irritons pas pour quelques mauvais jours ; nous n'avons plus des souverains égoïstes. Comme je vous l'ai dit, choisissons de bons représentants : tout est là ; notre sort ne dépend plus que de nous-mêmes.

FIN

www.ingramcontent.com/pod-product-compliance
Ingram Content Group UK Ltd.
Pitfield, Milton Keynes, MK11 3LW, UK
UKHW020531230726
13925UKWH00005B/2269

9 782014 038484